HOW TO USE BITCH

正しいBITCHの使い方

学校では教えてくれない、
取扱注意のBitchを使った99フレーズ

本書をつかう上での注意点

　本書は『正しいFUCKの使い方』の好評を得て、担当者におだてられて作った第2作目『正しいBITCHの使い方』となります。そうです。世の女を敵にまわすと思われる、もしくはM女には喜ばれる英単語「Bitch」を使った説明書です。またもや勇気を持ってお手に取っていただきましてありがとうございます。カップルのみならず、男や女同士でネイティブのような会話に持ち込むには、なかなか難易度の高い参考書になりますので、まずは気楽にイラストを見て笑いながら読んで覚えていただけたら幸いです。

　「bitch」は「売女」もしくは「やりまん」として誤解されていることも多いようです。がその誤解は、もしかしたら語源から来るのかも知れません。日本では平安時代にあたる11世紀に「メス犬」という意味で使用されていましたが、室町時代の14～15世紀に「売女」「複数の男性と肉体関係を持つ女」「金銭目的で男性と寝る女」として女性を罵る言葉として使われていました。しかし、現代ではそんな意味として使われることはありません。基本的に性格が悪いことを示す「イヤな女」「態度の悪い女」「腹黒い女」「卑しい女」「むかつく女」として使います。

　また「Bitch」という言葉は、時代とともにその意味を変化させてき、最近では「イヤな女」とは反対の意味を持つ「強く自立したカッコいい女」という言葉として認識されて使われるようになります。例えば、「BITCH」5文字を使って、「Beautiful Intelligent Talented Creative Honest（美しい、知性のある、才能がある、クリエイティブ、正直）」「Beautiful Individual That Causes Hardons（男性を興奮させる美しい個人）」「Babe In Total Control of Herself（完全に自分をコントロールできているいい女）」と表すこともあります。もちろん、フェミニストたちの

みならず、今では女性が主張するときにわりと普通に使われていることが多いようです。かのマドンナも名言（詳しくは名言集参照）を残しているぐらいです。

ただし、ここで気をつけたいのは、やはり、女性に対してひどい屈辱する言葉であるということは、忘れてはいけません。

ほか、「Bitch」は
- 男友だち、女友だちで親しい間柄で呼び合う場合
- 単に女性を指す
- 難しい、つらい
- 愚痴る、文句を言う
- 男性を罵倒する言葉

としても使われます。

いろいろな意味があるので、使い方でまったく違う意味になり得るのです。間違って使うと、とんでもないことになります。まず初心者は例文と同じようなシチュエーション時にごく親しい友人だけに、もしくはひとり言で言ってみることをおすすめいたします。さらに正しい発音をしたい場合は、「正しい英語発音の仕方」のリスニングCDを聞いて、繰り返し声に出して練習するのがコツです。それだけで意外とストレス解消になるかも知れません。そこから段階を踏んで行くことから慣らして徐々に感情のこもった会話を始めていきましょう。ただし、あまり上手くなり過ぎて、彼女や奥さんとけんかした時に思わず発してしまわないように。女性は怒ると怖いですからね。ずっと一緒にいたいなら、ひとり言だけで言うようにしましょう。

本書では使うシチュエーションで、「Bitch」と同じように「いい意味」「悪い意味」にもなる売女という意味が強いハイレベルで取扱要注意な用語「Cunt」を筆頭にもっとも取扱注意のレベルとして「Slut」「Whore」をコラムで説明しています。

　くれぐれも近所の子どもや見知らぬ人や目上には使用しないでください。取扱いを誤った場合に危険な状況が起こりえて中程度の障害や軽傷、死亡や重傷を受ける可能性が想定されます。こちらでは事故がおこった際の保証は致しかねますのでご了承ください。

　最後にこんな女性を敵にするような企画に賛同していただいた、かっこいいイラストと装丁を手がけた NAIJEL GRAPH さん、リスニングCD「正しい英語発音の仕方」で声の担当していただいた堀内さん、リアルな英語表現の声は MADSAKI さん、プログラムの酒井さん、最後に総合監修には「fuck は beat だ」と語る在米 25 年のバッドマザファッキンアーティストの MADSAKI 先生に生粋の表現フレーズを考えていただき、さらにはチェックをしていただきました。心より感謝申し上げます。リアルなネイティブの会話をしたい、人として熱い感情表現をしたい皆様にこれらの表現が自由に使えるように少しでもお役に立てれば幸いであります。

英語表現研究会

THIS IS A GREAT FUCKING BOOK TO FUCKING LEARN HOW TO FUCKING USE THE FUCKING WORD "BITCH"

MADSAKI

HOW TO USE BITCH

正しい BITCH の使い方

学校では教えてくれない、
取扱注意のBitchを使った99フレーズ

CONTENTS

Bitch とは？ ················· 007

Bitch フレーズ 99 ············· 010

`コラム` Bitch を使った名言 ············ 172

`コラム` Slut、Whore、Cunt について ····· 174

BITCHとは？

BITCHは、ビッチと呼ぶ。【名詞・C】①雌犬《◆「雄犬」は dog》；(オオカミ・キツネの) 雌‖ a 〜 fox 雌ギツネ　②《俗》不快な［意地の悪い］女‖ She is always angry and mean. She's a real 〜. 彼女はいつも腹を立てていて意地が悪い。本当に性悪女だ／ Son of a 〜！《俗》畜生，この野郎（→ son）③《略式》不平、小言 ④《俗》［a 〜］難しいこと［やつ］，厄介なこと［やつ］‖ Life's a 〜 (and then you die) 人生はつらいよ【動詞】《略式》自動詞〔…のことで／…に対して〕悪口を言う，ぶつぶつ不平を言う〔about ／ at〕他動詞　…をめちゃくちゃにする，ぶちこわす（+up）（小西友七／南出康世編（2009）『ジーニアス英和辞典』第4版，大修館書店）

Bitch は、名詞、形容詞、動詞として使用。
またその強い意味合いからも多くの非英語圏の人から
誤解されやすい単語として知られている。
日本では、尻軽女というように性的意味合いがあると
誤解されて使われることも多い。
それは語源、「メス犬」から「売春婦」という意味で
使っていた歴史があるところからも原因があるだろう。
また、80～90年代以降のヒップホップミュージックでは
ビッチを売春婦のような
意味合いで使われていたような節がある。

基本的には女性に対して罵倒する言葉だが、
性的な意味ではなく、
その女性の中見や性格が悪いことを指す
「イヤな女」として使う。

ほかに女性とはまったく関係なく
● 「難しい」「つらい」という意味
動詞として使えば、
● 「グチる」「文句を言う」「苦情を言う」「やっかい」
形容詞 Bitchy にすると
● 「怒りっぽい」「不機嫌な」
男性に対して使うと
● 「女々しい」「弱々しい」「クソ野郎」

最近では、単に親しい間柄の呼び名として使う。
● 「女」「ガールフレンド」「女友だち」
男が自分の女を紹介する時は「彼女」になり、
女が女を紹介する時は「親友、友だち」になる。
男同士はゲイではなく、
普通の親しい男同士で使われる場合もある。
また「bitch of a〜」で使うと
● 「とても面倒な、不快な、ひどい人あるいは物」
「bitch up〜」は
● 「〜を混乱させる、台無しにする、壊す、損害を与える」
「bitch〜off」は
● 「〜をかんかんに怒らせる」

そして最近では現代のフェミニストだけではなく、
マドンナを始め
多くのセレブが使うようになり、いい意味で使う
「bitch」として認識が変化してきている。
● 「自立した強い女」「自己主張ができる強い女」

という意味をつかんだら、絵をみながら、
BITCHのフレーズをマスターしていきましょう！

トラック01

A bitch in heat.

発情してる女

やりまん

ポイント
やりたくてヒートアップ(発情)している女のこと。
野良犬のように求めている姿や行動など、
明らかにやりたそうな場合に使う。

"Bitch in heat."

Bakumatsu
Taiyoden

「発情している女。」

トラック02

A bitch is a bitch.

ビッチはなにをしてもビッチだ

ポイント
なにをやってもビッチなことしかできなく、
もう直らない状態とわかった時に使う。
所詮そういうもんだとあきらめてう言う場合が多い。

"A bitch is a bitch."

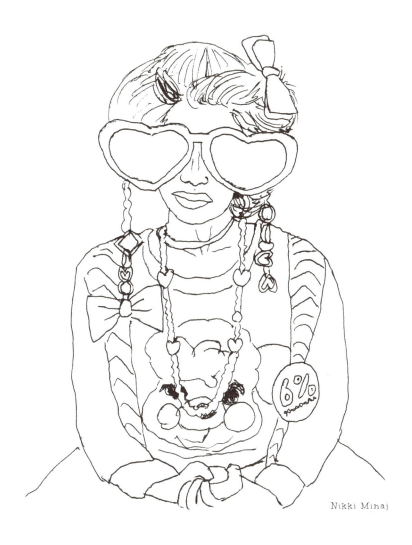

Nikki Minaj

「ビッチはなにをしてもビッチだ。」

Ain't that a bitch.

めんどくせぇ
大変だねー

ポイント
「Ain't」は、「am not/is not/are not/have not/has not」の短縮で、
南部の黒人がよく使う単語の一種。
発音も訛りが入って言うのがコツ。ブルースミュージシャン、
ジョニー・ギター・ワトソンが同タイトルのアルバムを出している。

"Ain't that a bitch."

Black old man

「めんどくせぇな。」

Baddest bitch./
Bad ass bitch.

超イケてる女

ポイント
「Bad ass」はクールでカッコいいという意味。
セクシーで男に頼らずに独立した知性をかね揃える最高な女のこと。
そんな女が歩いてきたら、たいてい男が会話の話題にする。
女もそういう女に対して使う。

"She is a bad ass bitch."

Kristen Wiig

「超イケてる女だ。」

Basic bitch.

ブランド好きな一般的な女

ポイント
日本の OL みたいな一般的な女のこと。
グッチやシャネルなどブランドものを買って安心する。
個性はなく、普通でつまらない女のことを指す。

"She's a basic bitch."

Anna Wintour

「普通の女だな。」

トラック06

Beyond Bitch.

ビッチを超越したレベルのビッチ

ポイント
ここでのビッチは最悪な女を意味する。
最悪を超えたレベルの女って
一体どんな奴なんだ。

"Beyond bitch yo."

「ビッチ超えちまってるよね。」

トラック07

強調表現

Biatch. / Beyotch.

イヤな女
うぜー女

ポイント
ビャッチ、ビーアッチと言う。
ビッチだけでは物足りなく、思わず声が大きく、
叫ぶように時に言う強調表現。
性別を問わず仲間内で呼びかける場合にも使う。

"Beyotch!!"

Neymar

「ビーーーーーアーーーーッチ!!」

"Bitch about how your life sucks."

「自分の人生がいかにくそつまんないかを言う。」

Joan Rivers

Bitch about~.

文句を言う　グチをこぼす

ポイント
人や物に対して文句やグチをこぼし、いかに大変だったかを言うこと。
くそまずい食べ物が出た時やおもしろくない仕事について言う。

"Shut up man, stop bitchin'."

「ギャーギャーとうるせぇんだよ、静かにしろ。」

Bitchin'. / Stop bitchin'.

不平不満　文句を言う／キャーギャーうるせぇんだよ　うるさい！

ポイント
「Stop bitchin'」は「shut up」と同義語。
素晴らしい、カッコいい、すごいという意味もあるが、実際に監修者は使ったことはない。
その場合は「bitchin' good」と使う。

Bitch ass hoe.

みにくい女
ブスな女

ポイント
外見がみにくいだけじゃなく、内面もブスの女を指す。
「Bitch」のイヤな女と「hoe（売春婦）」の意味をダブルで使うくらい、
ブスのこと。

"What a bitch ass hoe."

「なんちゅー女だ。」

"That bitch ass nigga is a pain in the ass."

「あいつ本当ウゼーよ。」

Ol' Dirty Bastard
(Wu-Tang Clan)

男にだけ使うフレーズ

Bitch ass nigga.

ふにゃちん野郎　本当に女みたいな男

ポイント

女のようにねちねちとしていたり、陰口を叩いたり、ブツブツ文句を言う腐った男のこと。
泣き言を延々と語る場合にも当てはまる。「nigga」は男を指す。

"They are bitching about each other."

「あいつら言い争っているぜ。」

Dalai Lama & Barack Obama

Bitch at each other.

言い争う

ポイント
「Bitch」に「at」や「about」を付けることで他動詞となり、
「文句を言う」と「each other」でお互いに悪口を言い合う、グチをこぼすという意味になる。
男女に対して使う。

トラック13

Bitch don't kill my vibe.

オレの気分が悪くなるようなこと言うなよ

ポイント
気分がいいのに、空気を読めない行動や
言葉を誰かに壊された時に使われる。
対象は女だけに限定しない。

"Bitch don't kill my vibe."

A pope

「オレの気分が悪くなるようなこと言うなよ。」

Bitch Fit.

生理中でイライラしている態度
かんしゃくを起しそうな人

ポイント
思い通りにならないと、キレたり、泣いたり、わめいたり、叫んだり、
物を投げたりする、情緒不安定な態度をとる人のこと。
女に対して使う。

"Look, Ms.Brown has a bitch fit today."

Michelle Obama

「見てブラウン先生がイライラしてる。こわっ。」

Bitch gone mad.

完全にいっちゃった女

ポイント
過去分詞「gone mad」は、完全に気が変になったのか
または正気じゃないのか？
という疑問とあ〜やっちゃたねという感情表現をする時に使う。
たいてい女に対して使う。

"Bitch gone mad..."

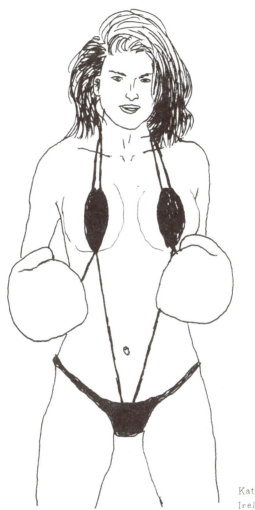

Kathy
Ireland

「完全フッツンしちゃったよ……。」

男にだけ使うフレーズ

Bitch made.

弱虫で勇気がない男
弱々しい奴
女々しい奴

ポイント
バーで飲んでいる時、イイ感じの女の子がいるのに
声をかけられない弱々しい奴のこと。
男っぽい力強い行動や言葉などは
まるで無かったように男としての責任を捨てた男。
女の言うままになる男のことも言う。

"Cos you're a bitch made."

Chewbacca & Princess Leia
(Star Wars)

「おまえ弱虫だからさ。」

Bitch on wheels.

永遠とうるさく、
わけのわからないことを話し続ける女

ポイント
「on wheels」は、直訳すると車輪が回ること。
つまりよく動く、永遠と話続けることを意味する。
文句などぺらぺらと必要のないことを話してくる状況を指す。

"Bitch on wheels..."

Gisele Bundchen

「また文句はっかたれてるぜ……。」

Bitch out.

**ばっくれること
しょうもないことにブチ切れること**

ポイント
「Bitch」の不快、イヤなに「out」が合わさると爆発、
いなくなる意味が重なって、社会的義務をさぼることや
たいしたことじゃないことに怒りを爆発する意味となる。

"Yo man, I told him to come to the party but he fuckin' bitched out."

Head coach at football stadium

「パーティーに誘ったのにばっくれられたよ。」

Bitch please.

あんた、なに言ってんの?
なに言ってるの、勘弁してくれよ

ポイント
相手がしゃれにならない、あり得ないことを言ってきた時に返すフレーズ。
信じられない間違いやとんでもないひどい状況で、
まじかよと同じ表現。女に対して使う。

"Bitch please, I can remove 90% of your so called "beauty" with a wet tissue!"

Tyra Banks

「あんた、なに言っているの？あんたの言う美しさは
ウェットティッシュで90％とれるわよ！」

"I got bitch slapped."

「ビンタされた。」

Britney Spears

Bitch slap.

平手ビンタ

ポイント
アホなことを言ったり、したりして奥さんや彼女など女にビンタされること。
たいてい女が男に怒っている時など女が男に対してする時に使う。

"Man your girlfriend is hot, you wanna bitch switch?"

「お前の彼女いいな。スワッピングしないか？」

Carnage

Bitch switch.

スワッピングする

ポイント
何組かのカップルのうち、彼女や奥さんをスイッチすること。
スワッピングする時の隠語。

"Bitch went crazy on me."

「あの女にブチ切れられたよ。」

The Grand Budapest Hotel

Bitch went crazy on me.

あの女にブチ切れられたよ

ポイント
「crazy on 〜」は、夢中になるという意味もあるが、これは反対、クレイジーになること。
彼女ばかりではなく、女の上司や先生に対して使う。
また男同士の会話でも使う。その時は、まいったよという意味も含まれる。

"Oh man, this is such a bitch work!"

「なんだよ、すげーイヤな仕事だよ。」

Crowded bus

Bitch work.

誰もがやりたくないような仕事

ポイント
単純作業だったり、機械的で感情や個人の個性や能力も要らないような仕事のこと。
例えば物をビニール袋に詰めるだけの仕事やトイレ掃除など。
男女ともに使えるフレーズ。

Bitch, you don't know what the fuck you're talking about.

自分でなにを言ってんだか、
全然わかってねぇじゃねぇかよ

ポイント
相手が怒りの頂点にいってしまって、
その本人もなにを言っているか
わからなくなってしまっている状況に言う台詞。

"Bitch, you don't know what the fuck you're talking about."

Yves Saint-Laurent

「自分でなにを言ってんだか、
全然わかってねぇじゃねぇかよ。」

Bitch, you're driving me crazy / nuts.

お前のせいで頭が狂ってきた

ポイント
うるさ過ぎて、気が変になるぐらい頭がおかしくなるので、
やめて欲しい時に女に対して使うフレーズ。

"Bitch, you're driving me nuts."

Andrew Dice Clay

「お前のせいで頭が狂ってきた。」

"Bring some of yo bitches when ya come to da house party."

「ホームパーティに来る時は、女友達を何人か連れてこいよ。」

Girls

Bitches.

ピッチたち

ポイント
ビッチの複数形。女たち（友人連れ）が集まっていることを指す。
女友達をパーティに連れてくれはと誘う場合や派手な女の集団について話す時に使う。

"Stop being so bitchy for christ's sake will ya?"

「いらつく態度はやめてくんないかな？」

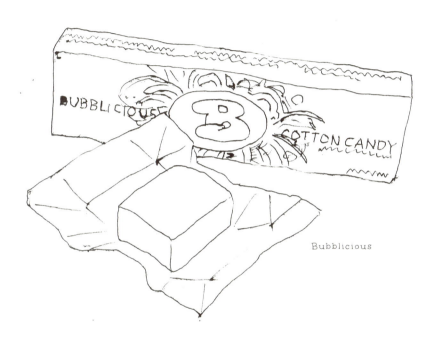

Bubblicious

Bitchy.

イヤな女みたいな態度や言い方をしてる人

ポイント
上の意味のほか、イライラしている人も意味する。つっけんどうで、
生理中なのか機嫌悪い状態の女のこと。
女でもガールフレンドばかりではなく先生や上司に対しても使う。

Boss Bitch.

(自分をもった) カッコいい女
存在感のある自分をもった女

ポイント
人にはない離れ技を持っていて、周囲への影響力もあり、
社会的に成功を収めている。自立心あり、
自分の成し遂げたいことを理解してそれに突き進む最強の女性。

"You boss bitch."

Grace Hopper

「ボスビッチだ。」

Calculating bitch.

計算高い女

ポイント
自分の利益しか考えない女性のこと。
計算高く生きることは、よい見方をすれば頭がいい行動的な人とも。
たまに結婚相手に収入高い人と結婚して扶養されて主婦になる
「タガメ(田んぼに生息してカエルの生き血を吸う昆虫。)女」も
こういうタイプ!?

"Calculating bitch."

Hillary Clinton

「計算高い女。」

野郎同士が超使う名フレーズ

Can you do something about that bitch?

頼むからあの女なんとかしてくんねぇ？

ポイント
男女の関係は、なにかと悩みは多い。
男同士で集まるとよく出るフレーズのひとつ。
うさい女でどうにかして欲しいんだよねとグチをこぼす時に主に男が使う。

Choke that bitch. / Choke a bitch.

首しめてやる

ポイント
むかついて、首をしめたい時にふざけるなと思いとともに男女に対して言う
フレーズ。実際に首をしめることはなく、
感情表現として怒りのマックスになったら使うこと。

"If I don't get my money, I am gonna have to choke a bitch."

Beastie Boys

「もし、お金を返してくれなかったら、
首をしめてやる。」

Don't be a bitch.

そんなこと言わないで、頼むよー

ポイント
「bitch（意地悪）」にならないでよという意味。
なにかをしてもらいたい時や頼み事をした時に、
ことわられそうになったら使うフレーズ。

"Don't be a bitch, get me a fuckin' beer will you?"

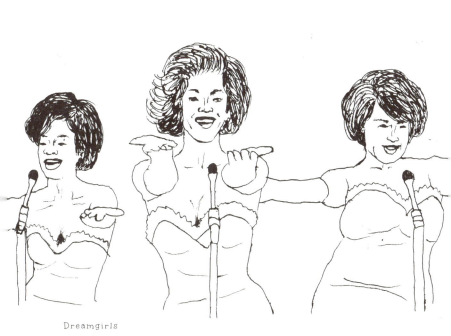

Dreamgirls

「そんなこと言わすにいいから
早くビール持ってきてよーーー。」

野郎同士が超使う名フレーズ

Don't hang up on me, you bitch.

電話切るんじゃねぇーよ

ポイント
女とケンカすると、必ずよく出るパターンフレーズとして覚えておきたい。
けんかのやり過ぎには怪我がともなうので注意。
主に女に対して使う。

「電話切るんじゃねぇーよ。」

Everybody's somebody's bitch.

みんな誰かの奴隷

ポイント
誰かとは、会社のみならず、上司やボス、旦那や奥さんとかのことを指す。
みんな誰かとともに生きているという人生観を語るような名フレーズ。
男女ともに使う。

"Everybody's somebody's bitch."

1900 in New York

「みんな誰かの奴隷。」

Flip a bitch.

道のド真ん中でUターンすること

ポイント
2車線など道のど真ん中で車をいきなりUターンをすること。
交通法無視でやる。
後ろを走る車や歩行者はビックリしてしまうような急な動きの表現。

Fuck off bitch.

消えろ

ポイント
女に対して使う。強調「fuck」を使うことで、
すぐさまに消えろ、失せろという意味になる。
ほか【野郎が超使う名フレーズ】として
「Get lost bitch.（消え失せろ）」とも言う。

"Fuck off bitch."

Thom Yorke

「消えろ。」

Fuck that bitch.

あんな女どうでもいいよ

ポイント
「Fuck that」は「Fuck it」と同じくどうでもいい、いらないという意味。
ここでの「bitch」はつき合っている女に対して言うフレーズで、
主に男が使う。

"Fuck that bitch."

A squirrel

「あんな女どうでもいいよ。」

Fucking hate that bitch.

あのクソ女マジ嫌い

ポイント
彼女とけんかをして、離れてひとりになった時にひとり言で言うフレーズ。
彼女には聞かれたらまずいので、必ず周囲を確認して言うこと。
うるさい女の先生や上司に対しても使う。

"Fucking hate that bitch."

Jack Nicholson
(One Flew Over the Cuckoo's Nest)

「あのクソ女マジ嫌い。」

Get a life, bitch.

人生やり直してこい
出直してこい

ポイント
とりかえしのつかない過ちを犯した時に
人生を再スタートしてこいよ、
という完全にイヤみな言葉。

"Get a life, bitch."

Madonna

「人生出直してこい。」

Get the fuck out of the car bitch.

車から降りろ

ポイント
女に対して頭がきた時に使う。
ドライブ中にけんかになって高速道路脇に車を止めて
助手席を開けて言うフレーズ。よくあるパターンだけど、
本当に出てかれるとマジで困るよね。

"Get the fuck out of the car bitch."

Cinderella

「車から降りろ。」

Get the fuck outta here bitch.

ここから出てけこのクソ女

ポイント
こちらも男女のけんかでよく使われるフレーズのひとつ。
「the fuck」をつけることで意味が強調される。
感情が高まった時に使われる。うざい女に対して言う。

"Get the fuck outta here bitch."

「ここから出てけこのクソ女。」

Go suck some dick bitch.

チンコでもしゃぶってこい

ポイント
うるさい女に対して口になにかを詰めて閉じたい時に言う。
女をだまらせたい最後の捨て台詞。
言った場合は、そのまま素直に消えないと大事件に発展する。

野郎同士が超使う名フレーズ

I can't stand that bitch anymore.

あの女にはもう絶えられない

ポイント
やってらんねー、ワケわかんねーと思ったら使う名フレーズ。
男同士が集まった時や会話でよく使われる。
そして、別れちまえよという会話が続く。

"I can't stand that bitch anymore."

Transformers

「あの女にはもう絶えられない。」

I don't give a fuck about that bitch.

あんなクソ女なんかどうでもいいよ

ポイント
男が女に対してなんの未練も無くなった時に使う。
たまに別れた後に未練がましく強気に言う場合や次の日には、
仲直りしている場合もある。ゴロがいい句で言いやすいのがミソ。

"I don't give a fuck about that bitch."

Jon Hamm
(Million Dollar Arm)

「あんなクソ女なんかどうでもいいよ。」

I don't understand that bitch.

あの女がなにを考えているかまったくわかんねー

ポイント
彼女、女のボス、仲間や女友だちに対して、
いきなりキレられて、どうしていいかわからない状態や
なにを言っているか意味不明な時に使う。

"I don't understand that bitch."

Maleficent

「あの女がなにを考えているか
まったくわかんねー。」

I got no money bitch!

金なんてねぇよ！

ポイント
なにかプレゼントを買ってとねだられた時に使う。
このフレーズを言ったら、その後はふられる可能性は大だけど。
また男同士でビールを買ってきてとか頼まれた時でも言う。

"I got no money bitch!"

Kate Upton

「金なんてねぇよ!」

I wanna fucking punch that bitch in the fucking face.

マジであの女の顔をぶん殴りたい

ポイント
かなり怒っている時、主に女に対して言う。
もちろん男は女に手を出してはいけないけど、
気持ちの部分でマックスに怒っている場合に使う。

"I wanna fucking punch that bitch in the fucking face."

Gremlins

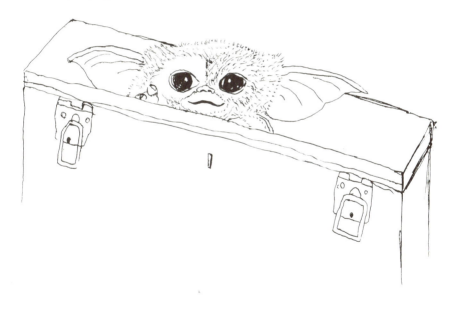

「マジであの女の顔をぶん殴りたい。」

I'm gonna go kill that bitch.

あのクソ女(男)ぶっ殺してやる

ポイント
例えば自分の彼氏が他の女と寝てる情報を聞いちゃった時など、
男女とも相手に対してやらかしてしまって、本当に怒り心頭になったり、
ブチ切れた時に使う。

I'm gonna run that bitch over on a truck twice.

あのビッチをトラックで
2回ひき殺してやる

ポイント
浮気をしないと約束したのにもかかわらず、
再度していると聞いた時などに言う台詞。ここは普通車ではなく、
トラックで2回ひき殺すというのが怒りの表現ポイント。

"I'm gonna run that bitch over on a truck twice."

Isabel I de Castilla

「あのビッチをトラックで２回ひき殺してやる。」

ギャグ

I'm rich bitch.

オレ金持っているぜ

ポイント
大勢で食べた飲み会の席で、
割り勘にしようかという会話をしている時に使うと
笑いが取れるフレーズとして覚えておきたい。

"I'm rich bitch."

Slick Rick

「オレ金持っているぜ。」

ギャグ

I'm Rick James bitch.

ビッチ、オレはリック・ジェームスだぜ
（コメディアンの言葉）

ポイント
米コメディアン、デイヴ・シャペルが 2004 年のショーで使った
有名なギャグのフレーズ。あまりにも受け過ぎてそのスタイルは
全米中の人が使用。今日でも使われている。

デイヴ・シャペル（Dave Chappelle）
アメリカの天才コメディアンで俳優、脚本家。2003 年に放映されたスケッチコメディ『Chappelle's Show』で、
天才コメディアンとして爆発的な人気を博したが、2 年後に電撃リタイアした。
現在はオハイオ州で暮らしながら、スタンドアップ・コメディを続けている。
代表作に『Dave Chappelle's block party』。

リック・ジェームス（Rick James）
「Give it to me baby」などのヒットを飛ばしたファンク系のミュージシャン。
私生活では女性と付き合うなど浮き名を流したバッドボーイとして有名だった。

"I'm Rick James bitch."

Rick James

「ビッチ、オレ、リック・ジェームスだぜ。」

I'm so glad that bitch is gone.

あんなクソ女がいなくなってよかったよ

ポイント
カップルで毎日けんかした後、結局別れてしまった時に、
男が嬉しくなって言うフレーズ。ここでは、「so」と「gone」に
気持ちを込めてしみじみと言うのがコツ。

"I'm so glad that bitch is gone."

Charles, Prince of Wales

「あんなクソ女がいなくなってよかったよ。」

If you're busy it's OK though, I know it's a bitch.

けど忙しかったら大丈夫だよ、面倒くさいのわかるし

ポイント
「a bitch」は、難しいこと、厄介なことも意味する。
友だち同士や親子など、
どんな関係でも日常生活で使えるフレーズとして使える。

"If you're busy it's OK though, I know it's a bitch."

Tyra Banks

「けど忙しかったら大丈夫だよ、
面倒くさいのわかるし。」

Lazy ass bitch.

なんもやんない女

ポイント
同棲を始めると同時に、また結婚すると変わる女のように、
家事もなんもやらないだらしない女のこと。
「Lazy ass」は、「なまけた」、「だらしない」、「重い腰」などを意味する。
女に対して、また野郎同士内で男に対しても時々使う。

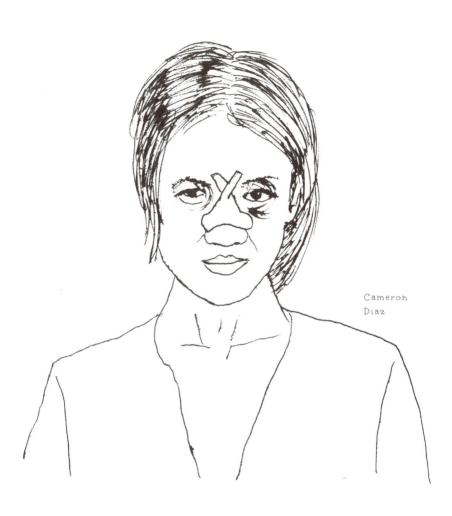

定型フレーズ

Life is a bitch.

人生って大変
人生いろいろあるよな

ポイント
人生になにも意味を感じなかったり、
もがいている時に思いがちなフレーズ。
ストレスがかかった状況時に男女とも言う。

"Life is a bitch."

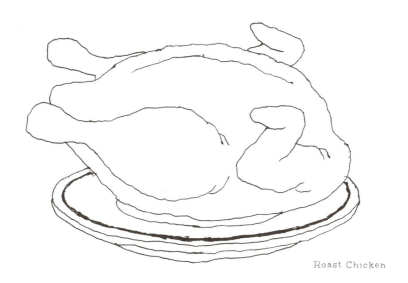

Roast Chicken

「人生って大変。」

Look at that bitch.

見ろよ、あのクソ女

ポイント
2通りの言い方がある。
女子バージョンは
女4〜5人集まっている時、
共通の知り合いの女が男をナンパしているのを見て。
男子バージョンは
とんでもない格好でダサイ女を見て言う。

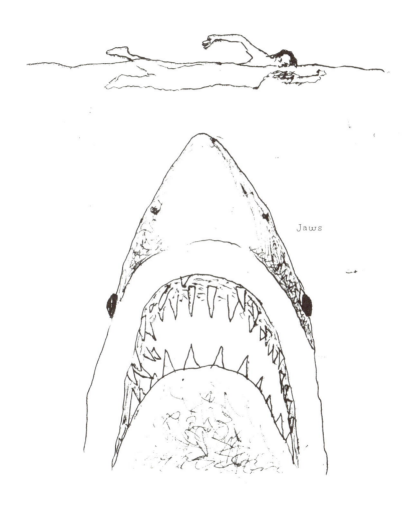

Look at the bitch run.

あの女が走る姿見てみろよ

ポイント
近所に住んでいる既婚男性が女を招いて
浮気をしている時に奥さんが帰ってきてしまい、
半裸状態で女が走って逃げるのを見た時などに使う。
(あんまり使わない!?)

"Look at the bitch run."

Snatch

「あの女が走る姿見てみろよ。」

"Man, what a bitch of a day!"

「なんてこった、ほんとにひどい日だ！」

Gone with the wind

Man, what a bitch of a day!

なんてこった、ほんとにひどい日だ！

ポイント
ここで使う「bitch of ～誰、それ」は、誰、それには難しいこと、厄介なことや人を意味する。
悪いことが重なってとんでもない日に男女ともに使えるフレーズ。

"Mean ass bitch."

「超意地悪て性格の悪い女。」

Hot rod

Mean ass bitch.

超意地悪て性格の悪い女

ポイント
コーヒーをわざとこぼしたりと、
性格も行動も人間として終わっている人のこと。
意地悪過ぎて知り合いにはなれない女に対して使う。

"Motherfuckin' bitch!"

「ちくしょー!」

Step on the shit

Motherfuckin' bitch.

(最悪な状況に発する言葉) ちくしょう、いてっ!

ポイント
主として最悪な状況に男が使う。車をぶつけてしまった時や
親指をタンスの角で指をぶつけてしまったりと、思わず発する言葉のひとつとして覚えておきたい。
ビッチの発音「ビ」は大きめに言う。

"Yo, move bitch!"

「邪魔だからどけ！」

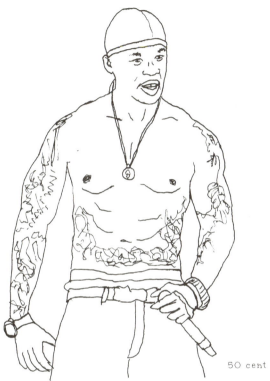

50 cent

Move bitch.

邪魔だからどけよ　早く行けよ

ポイント
男女ともに使うフレーズ。前をたらたらと歩いていたり、動いている人に対して言う。
男も仲の良い友人に、冗談を込めて言う場合が多い。
本気で怒って言う場合は、けんかになる。

My Bitch.

オレの女

ポイント
恋人や仲のよいガールフレンドという意味。
間違っても彼女の両親の前では使わない。
あくまでもプレイヤーっぽく使いたい時に言う。
男が使う場合は彼女だが、女が使う場合は親友となる。

My main bitch.

愛人

ポイント
奥さんでもなく、ガールフレンドでもなく、
一番のお気に入りの人つまり愛人のことをメインの女と言う。
奥さんだけではなく、女にとってもひどい言葉だね。

"My main bitch."

A sheep

「オレの愛人だ。」

Payback's a bitch.

しっぺ返し
(ざまーみろ、これでおあいこだね)

ポイント
相手にされたことが相手に戻ってくる。
イヤなことをされたら相手にも戻っておあいこになるという意味。
因果応報、自業自得とほぼ同義。時間、相手、場所は変われど
よいも悪いことも身に覚えのあることで返ってくること。

"Payback's bitch."

Town girl

「しっぺ返しになっておあいこだね。」

Psychotic bitch.

サイコな女

支離滅裂な女

ポイント
怒りやストレスの頂点を超えて、
精神的におかしくなっちゃた女の人のこと。
コントロール不能に陥り、
行く先々ですべてを破壊していくので気をつけよう。

"That psychotic bitch!"

Paul

「あのサイコ女め！」

Ratchet bitch.

見かけがスーパーアグリーなビッチ

ポイント
「Ratchet（ラッチェット）」は、ひどい、見苦しいという意味で、
ゲットーや都市から来ている女で、男にモテてイケてると信じて疑わないが、
実は全然勘違いしていること。

"Ratchet bitch."

Miley Cyrus

「見かけがスーパーアグリーなビッチ。」

"It was a real bitch to get here."

「ここまですごく大変だった。」

Lena Dunham
(Girls)

Real bitch.

超ウザイ　めんどくさい　本当に大変

ポイント
ここでの「bitch」は、面倒で厄介という意味で使われる。
本当のビッチ（イヤな女）という意味ではないので気をつけて使おう。

"Rich bitch."

「金持ち女。」

Paris Hilton

Rich bitch.

金持ち女

ポイント
なんでも手に入るお金持ちだが、性格が悪く問題児のことを指す。
得てしてそんな人は多いけどね。ま、性格良くても困るよね。

"Sexy ass bitch."

「超セクシーな女。」

Angelina Jolie

Sexy ass bitch.

超セクシーな女性

ポイント
「Bad ass bitch. ／ Baddest bitch.（超イケてる女性）」に対し、
こちらは超セクシーな女性に使うホメ言葉。男同士の会話で使うことが多い。

"So how is it with your girl?"
"She turned out to be a bitch."

「彼女とその後どうなった？」
「結局、彼女はビッチだったよ。」

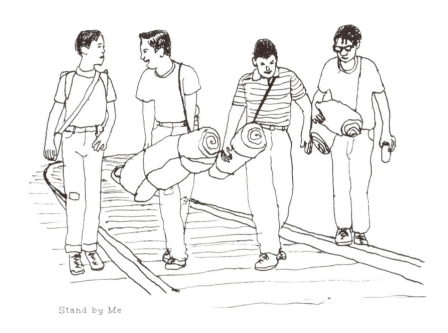

Stand by Me

She turned out to be a bitch.

結果的に彼女はビッチだった

ポイント
例えば新しい彼女がてきた人に「その後どう？」というようなやりとりの時に
「サイテーな女だった。（その後別れた）」というニュアンスの答えを言う時に使う。

She's my bitch.

彼女は私の大親友よ

ポイント
62の「my bitch」と同じ意味合いで使う。
ここでは、フェミニストや女同士で使っているが、もちろん、
男同士で女を紹介する時、オレの彼女だという意味もある。

"She's my bitch."

「彼女は私の大親友よ。」

Shut up bitch. / Shut the fuck up bitch.

うるせぇーよ、このクソ女

ポイント
主に女に対して男が使う。さらに強調したい時は、「fuck」を使うとよい。
ここでは「fuck up」を使う。
黙って欲しい時にしゃべり続ける女に言うキメのフレーズ。

"Shut the fuck up bitch!"

Tina Fay as Sarah Palin

「うるせぇーよ、このクソ女。」

Sick of bitches bitching about other bitches.

ビッチ同士で他のビッチたちの悪口を言ってるのを
聞くのはもうウンザリだ

ポイント
シチュエーションとして、女子会などの女子が多い集まりに、
間違ってなぜかひとり男がいる状況で
男が思うだろうフレーズになる。わかるだろうか。

"Sick of bitches bitching about other bitches."

Nippon musekinin jidai

「ビッチ同士で他のビッチたちの悪口を言ってるのを聞くのはもうウンザリだ。」

Smart ass bitch.

ずる賢い女

ポイント
29の「calculating bitch」と同じような意味。
計算高く、自分の利のことしか考えない、出世やお金など、
ズルしてても出し抜きゴメンのイヤな女を指す。

"Smart ass bitch."

Hedy Lamarr

「ずる賢い女。」

Sometimes, it's a bitch.

面倒くさい時だってあるさ

ポイント
どんなに好きな仕事をしてても、面倒なことも出てくるというのは人生の常だ。
そんな時に言う言葉だったり、
もちろん後輩や友人に励ましたりするのにも使える。

"Sometimes, it's a bitch."

Lost in Translation

「面倒くさい時だってあるさ。」

男にだけ使うフレーズ

Son of a bitch.

クソ野郎

ポイント
直訳するとビッチの息子になるので、男に対してしか使わない罵倒語。
イヤな野郎に対して使う。
例えば、おまえの彼女とやっちゃったよと言われたら言うフレーズ。

"You fuckin' son of a fuckin' bitch!"

David Bowie

「おまえは超クソ野郎だな。」

Speak up bitch.

なに言ってんのか、
聞こえないから声を大きくしてよ

ポイント
スピーチコンテストや発表会の時に小さい声でしゃべっている人がいたら、
助長するよう、からかいながら言うフレーズ。
男女に対して言う。

"Stop crying like a bitch."

「女みてぇにめそめそ泣いてんじゃねぇーよ。」

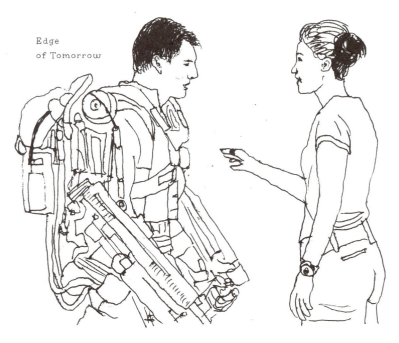

Edge of Tomorrow

男にだけ使うフレーズ

Stop crying like a bitch.

女みてぇにめそめそ泣いてんじゃねぇーよ

ポイント

11の「Bitch ass nigga」と同義語。ブツブツ文句を言っていたり、
めそめそした女々しい男に対して使う。そんな男友だちがいたら、このフレーズを言ってはげまそう。

"Stupid ass bitch!"

「バカ女。」

Ducks

Stupid ass bitch.

バカ女

ポイント
たいていは女に対して使う。
キャーキャーとうるさい女性（特に奥さんや彼女）に面と向かって言うと大変なので、
ひとり言で静かに言ってストレス解消しよう。

"She's a such a fucking bitch."

「彼女は話にならないほど最低な女だ。」

In the Court of
The Crimson King

Such a fucking bitch.

話にならないほど最低な女

ポイント

最低とは、本当に性格の悪い女に対して使う。「such a」を入れることであきれるほど、話にならないということ。形容詞として「とても、それほど」という意味にもなる。

"Suck my dick bitch."

「くそ食らえこのクソ女め。」

Bono & Shinzo Abe

Suck my dick bitch.

くそ食らえ、このクソ女め

ポイント
女がギャーギャー言ってくる時、相手が言い返すことができないほどのフレーズ。
これを言うことで最悪なのでケンカになる終了のキメ台詞になる。後はないかも。

- 149 -

トラック82

That Bitch has everything.

あの女は欲しいもの全部持っている

ポイント
女に対して使う。学歴、いい男、お金など、なんでも持っている女のこと。
他の女がうらやましそうに使うフレーズ。
言い方のコツは、悔しそうに言うこと。

「あの女は欲しいもの全部持っているからさ〜。」

"That bitch is killing me."

「あの女のせいで気が狂いそうだ。」

Most wanted man

That bitch is killing me.

あの女のせいで気が狂いそうだ

ポイント
めちゃくちゃでイヤな女のことを指し、そんな女をなんとかして欲しい時に使う。
男や女同士の会話でよく使われることが多い。女の上司や先生などに対して言う。

"That fucking bitch left without money man."

「あのクソ女、金をおかずに出ていきやがった。」

Oprah Winfrey

That fucking bitch.

あのクソ女

ポイント
なにかひとことを言われたり、行動に出されたら言う定型フレーズ。女に対して使う。
もちろん女が女に対しても言う。女に恨まれる女を想像するだけで怖いけど。

"That's a bitch."

「マジかよ……。」

Blended

That's a bitch.

マジかよ……

ポイント
小言フレーズ。例えば、相手が急に残業になり、
約束した友だちや彼氏に会えなくなった時に、
自分や相手も含めて言う。あ〜ぁ、楽しみにしてたのに（ため息）。

"That bitch got a fuckin' problem."

「あの女は超やっかいな女だ。」

The Love Guru

That bitch got a problem.

あの女は問題だらけだ

ポイント
男同士の会話で彼女の話をした時に「そうだよね、ヤバいよね」と返す時に使う。
本当に問題のある女に対して、うなずきながら納得しながら言う。
発音に注意。「ビッチ」の「ヒ」にアクセントをつけて言おう。

"The bitch is in trouble. HA HA."

「あの女ヤバいことになってんじゃん、笑。」

Pirates of the Caribbean

The bitch is in trouble.

あの女ヤバいことになってんじゃん

ポイント

テレビ番組のニュースを見ていた時や週刊誌の吊り広告で知らない女の不倫などの事件簿を見て、客観的に感想として使う。女に対して言う。

"The bitch is playing you out yo."

「あの女に遊ばれてるぜ。」

Bill Gates & Jay Z

> 野郎同士が超使う名フレーズ

The bitch is playing you out.

あの女に遊ばれてるぜ　なめられてるよ

ポイント
女の手のひらで遊ばれている状態。つまりお金やセックス目当てて、
男が利用されちゃっているようなことを言う。そんな小悪魔ビッチにだまされないように。

トラック89

Ugly ass bitch.

とんでもない格好／顔をしてる女

ポイント
クオリティの低い女のこと。娼婦みたいな厚化粧だったり、
ひどい恰好していたり、醜い顔の女のことを言う。
例えば、ヒゲはやしているミニスカートの女とか!?

"What an ugly ass bitch."

Norbit

「なんちゅー醜い女だ。」

"Useless bitch."

「使い物にならない女。」

Cassette tapes

Useless bitch.

使い物にならない女

ポイント

仕事やバイト先など5分でできることを1時間かけてやるようなどんくさくてのろまな女のこと。
仕事上で差し支えるようならば、ちゃんと指導した方がいいね。

"What a fucking bitch!"

「なんていうビッチだ！」

Dogs

What a fucking bitch!

なんていうビッチだ！

ポイント
「What a ～」をつけることで「なんて、～なんだ。」という感嘆詞となり
「なんちゅーヒッチなんだ」という意味になる。
女同士、男同士で言うフレーズ。

"What are you looking at bitch?"

「なにを見てんだよ、このクソ女。」

Rita Ora

野郎同士が超使う名フレーズ

What are you looking at bitch?

なにを見てんだよ、このクソ女

ポイント

女の人がなにか言いたそうな顔をしているけど、なに？という感じで男が返すフレーズ。
さらに強調したい時は「the fuck」を使い「What the fuck you looking at bitch?」と言う。

"What the fuck is wrong with that bitch?"

「あの女、マジで頭大丈夫か？」

Eddie Murphy

野郎同士が超使う名フレーズ

What the fuck is wrong with that bitch?

あの女、マジで頭大丈夫か？

ポイント
支離滅裂なことを言ったり、あきらかに変な行動をしている女に対してよく使うフレーズ。
わざといじわるに言う場合も。女に対して、たいてい男が言う。

"Who the fuck is that bitch?"

「あのクソ女一体だれ？？」

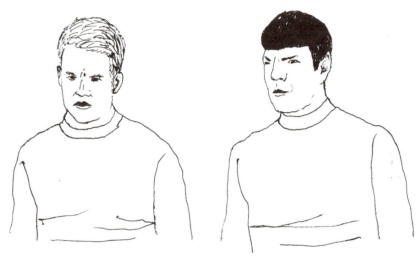

Star Trek

Who the fuck is that bitch?

あのクソ女一体だれ？

ポイント

男同士や女同士での会話で使う。パーティの会場にて野郎同士で話している時に
そんな女が通りかかった場合や女同士の場合はレストランに入ってくるきれいな女を見て使う。

"You crazy bitch!"

「このぶっとび女。」

You crazy bitch!

このぶっとび女／マジかよ、すげーな（男女に対して）

ポイント
「crazy」は、サイコーとサイテーの２つ意味があり、シチュエーション別で使う。
男に対して言う場合は、サイコーの場合のみ。
ギャンブルで女がチップを一杯置いてビックリした時にマジかよと思ったら使う。

You fucking bitch.

このクソ女（野郎）め

ポイント
怒っている時に使うフレーズ。女に対して文句をしこたま言ってから
最後に言う場合とひと言でぼそりと言う場合がある。
いずれも言い方ひとつで男としての才覚が問われる。

"You fucking bitch."

C-3PO & R2-D2

「このクソ女め。」

トラック03

You gotta fuckin' problem with that, bitch?

なんかそれでも文句、問題でもあんのか？
なんか言いてぇのかよ？

ポイント
男同士、女同士でも使う。言われたことをちゃんとやっているのに
突っ込まれた時にイヤみを込めて言うフレーズ。
また前から連れっていってと言われた所に連れて行くけど、文句ある？
と言いたい時に使うが、本気に言うとけんかになるよ。

"You gotta fuckin' problem with that, bitch?"

Dave Chappelle

「なんかそれでも文句でもあんのか？」

"You suck bitch."

「最低だな。」

Wish I Was Here

You suck bitch.

最低だな

ポイント
誰かがなにかに対して行動や質問、コメントが最低な時に答えるフレーズ。
例えば、女子会途中に、彼氏とデートだからと抜ける女子に対して言うキメ台詞。

"You're such a bitch."

「なんていう性格の悪い女だ……。」

Sticker

You're such a bitch.

なんていう性格の悪い女だ……

ポイント
男が女に対しても言うし、女同士でも使う。
例えば、学校の友だちのロッカーにいたずらをしてきたと
自慢をしてきた女に対して答えるフレーズなど。

BITCH名言

I'm tough, I'm ambitious, and I know exactly what I want. If that makes me a bitch, okay. - Madonna
私はタフで野心があるし、なにを望んでいるかもわかっている。
そんなワタシがビッチと言うなら別にそれでもいいわ。- マドンナ（歌手）

Sometimes you have to be a bitch to get things done. - Madonna
物事を進めるには、時にはビッチになる必要がある。- マドンナ（歌手）

~ and the son and heir of a mongrel bitch.
King Lear, II, Shakespeare.
そしてずる賢いクソ野郎。シェイクスピア『リア王』より
※この時代（1603年）にはSon of a Bitchが使われていたことになる。

How do we beat the bitch? - A woman asked to McCain. He called it an "Excellent question," then added, "I respect Senator Clinton."
「どうやってあのビッチを倒しますか？」と女はヒラリー・クリントンと戦っていたマケイン候補に聞いた。
「いい質問だ。クリントン上院議員のことは尊敬している」と答えた。

And if he want some pussy that's a no-no. I only fuck with bad bitches, no homo. - Nicki Minaj
もし彼がやりたがっても答えはノー。ワタシは、ホモ以外のバッドビッチとしかやんないの。- ニッキー・ミナージュ（ラッパー、シンガーソングライター）

If she hates fake bitches is it because she's a real bitch.
- Philosopher
もし彼女が偽物のビッチが嫌いならば、
それはつまり彼女が本当のビッチだからだ。- 哲学者の言葉

Sometimes being a bitch is all a woman's got to hold on to.
- Stephen King, Dolores Claiborne
女でいるためには、ビッチでいることだ。
- スティーヴン・キング（小説家）「ドロレス・クレイボーン」より

BITCH名言

The art of rap is deceptive. It seems so straightforward and personal and real that people read it completely literally, as raw testimony or autobiography. And sometimes the words we use, nigga, bitch, motherfucker, and the violence of the images overwhelms some listeners. It's all white noise to them till they hear a bitch or a nigga and then they run off yelling "See!" and feel vindicated in their narrow conception of what the music is about. - Jay-Z, Decoded
ラップとは人をだますアートだ。一瞬ストレートに個人的でリアルな言葉を
そのままとらえて、生々しい証言とか自伝のように人は感じるだろう。
たまに「ニガー」「ビッチ」「マザファッカー」という言葉を使うと、
リスナーに暴力的なイメージを持たれる。
それはすべてホワイトノイズ（なにも聞いてない）に聞こえていたが、
「ビッチ」「ニガー」という言葉を聞くと、
そら、見ろとばかりに、音楽に対する狭い考えて非難するんだ。
- ジェイ Z 自伝「Decoded」より

You. Fucking. Bitch. - Gone Girl
お前ってクソ女だな。- 映画「ゴーン・ガール」

Bitch please, my phone battery last longer than your relationships.
あんたなに言ってんの？
あなたの恋愛関係より、ワタシの携帯の電源のほうがもつのよ。

WAT BITCH
なにビッチ？

Put a condom on your heart bitch , because I'm about to fuck your feelings.
今傷つけるようなこと言うから、心にコンドームをして、ビッチ。

Be a fearless bastard and an emotional bitch.
恐れを知らないバカになれ。感情豊かなビッチになれ。

罵倒する用語としての

SLUT
WHORE
CUNT

「Bitch」は売春婦としての意味はないということは
お分かりになったかと思いますが、
それに代わる用語を紹介いたします。

SLUT

Slut スラットと呼ぶ。だらしのない女、身持ちの悪い女、売春婦、あばずれ、やりまん、誰とでも寝る女性を意味する。形容詞 Sluttish、Sluttishly、Slutishness、Slutty とも。例文：Twinkle twinkle little slut name one guy you haven't fucked..「キラキラ光る尻軽女、寝てない男は誰よ。」

WHORE

Whore ホアと呼ぶ。ほか、ho とも言う。やや古い使い方で売春婦、侮辱する言葉としてあばずれ女、売女、尻軽女を意味する。自動詞として［女が］売春するとも。ことわざ：A whore in a fine dress is like a clean entry to a dirty house.「きれいなドレスを着た娼婦は、汚れた家のきれいな入口のようなもの。」がある。ほか「attention whore」〈俗〉目立ちたがり屋、注目を集めるためなら何でもする人。主に女性を指す。

CUNT

Cunt カントと呼ぶ。性俗語で一般的にはタブーな用語。女性性器、性交、（性的対象としての）女性、ズベ公、また男女ともに対して使われる（死ぬほど）イヤな奴を意味する。よほどの自虐性がない限り、最強最悪な罵倒部類に入る危険用語なので、使う時は要注意。映画「ゴーン・ガール」では、失踪した妻と夫が再会した後、夫のニックが「You fucking cunt!（カントめ!）」に対して「I'm the cunt you married.（そんなカントと結婚したのよ。）」さらにそんなカントを辞める気はないわ、それが結婚よと言い放つ妻のエイミーの執念ある女の意地を「cunt」を使うこと上手く表現している。怖いですね。女の凄みを見せるなら最強の言葉。だが、誰でもこのワードを使うことで、一生会えないぐらいの決意をするほどひどい罵倒語になることを覚えておこう。

正しい BITCH の使い方

学校では教えてくれない、
取扱注意の Bitch を使った 99 フレーズ

2015 年 2 月 12 日　初版第 1 刷

総監修：MADSAKI
著者：英語表現研究会
Special thanks to Edison Chen
教材 CD ナレーション：MADSAKI、堀内 尚子
教材 CD プログラム：酒井 宏之（アイズクルー）
装丁・デザイン・イラスト：NAIJEL GRAPH
編集担当：喜多 布由子

発行者　佐野 裕
発行所　トランスワールドジャパン株式会社

〒 150-0001　東京都渋谷区神宮前 6-34-15 モンターナビル
Tel. 03-5778-8599 / Fax. 03-5778-8743

印刷・製本 中央精版印刷株式会社
ISBN 978-4-86256-149-7
Printed in Japan
©MADSAKI, NAIJEL GRAPH, Transworld Japan Inc. 2015

◎定価はカバーに表示されています。
◎本書の全部または一部を、著作権法で認められた範囲を超えて
無断で複写、複製、転載、あるいはデジタル化を禁じます。
◎乱丁・落丁本は小社送料負担にてお取り替え致します。